Mae'r llyfr hwn yn eiddo i

GRAFFEG bach

Nefoedd yr Adar!
Cyhoeddwyd yn 2022 gan Graffeg Cyf.
Cyhoeddwyd yn wreiddiol dan y teitl *The Word Bird*

ISBN 9781802582062

Addasiad gan Anwen Pierce.
Dylunio a chynhyrchu © Graffeg
www.graffeg.com.

Graffeg Cyf., 24 Canolfan Fusnes Parc y Strade, Ffordd Mwrwg, Llangennech, Llanelli, SA14 8YP, Cymru, DU.
Ffôn 01554 824000. www.graffeg.com.

1 2 3 4 5 6 7 8 9

FSC www.fsc.org MIX Paper from responsible sources FSC® C014138

NEFOEDD YR ADAR!

Ysgrifennwyd gan
Nicola Davies

Darluniau gan
Abbie Cameron

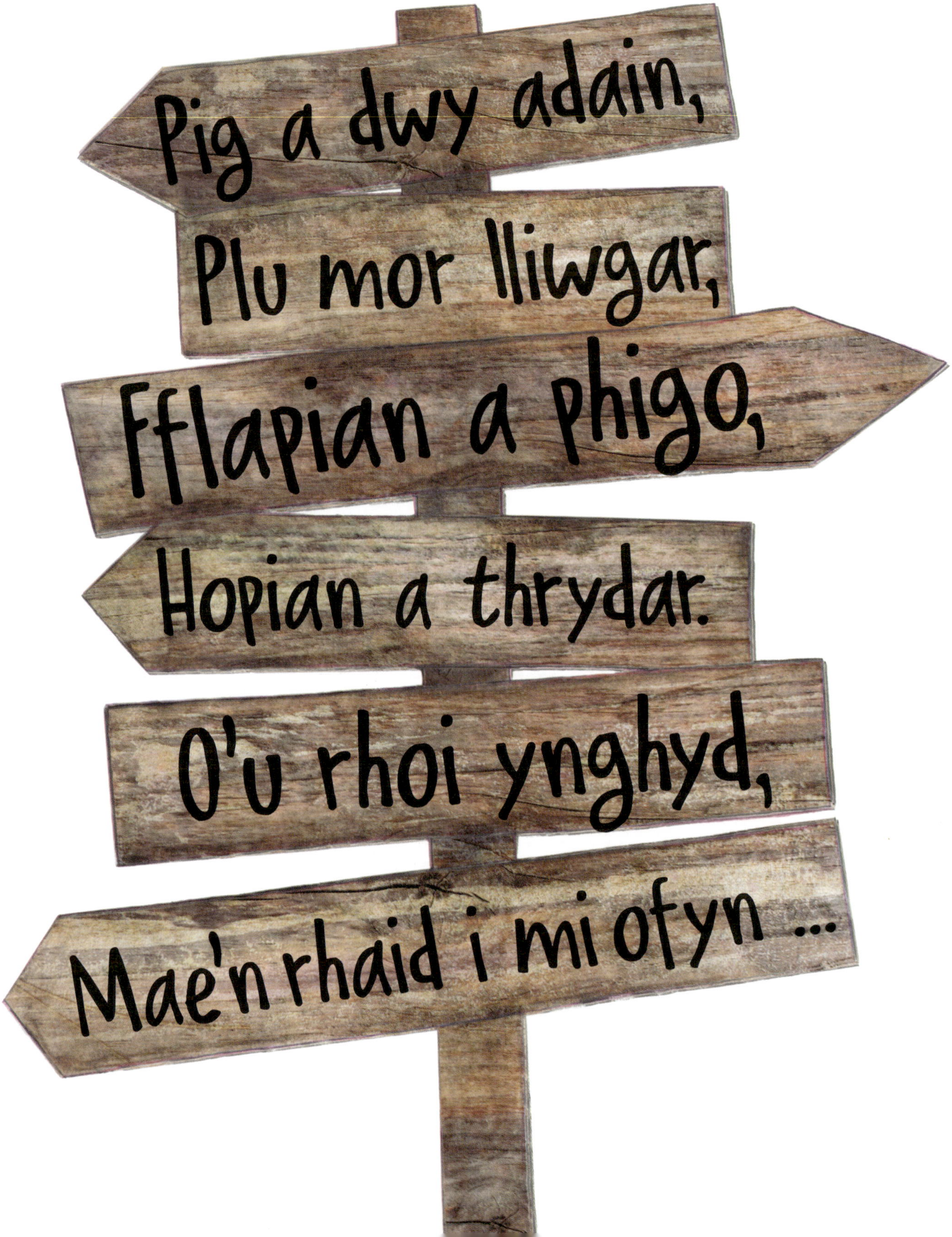
Pig a dwy adain,
Plu mor lliwgar,
Fflapian a phigo,
Hopian a thrydar.
O'u rhoi ynghyd,
Mae'n rhaid i mi ofyn ...

beth yw'r creadur?

Ie,

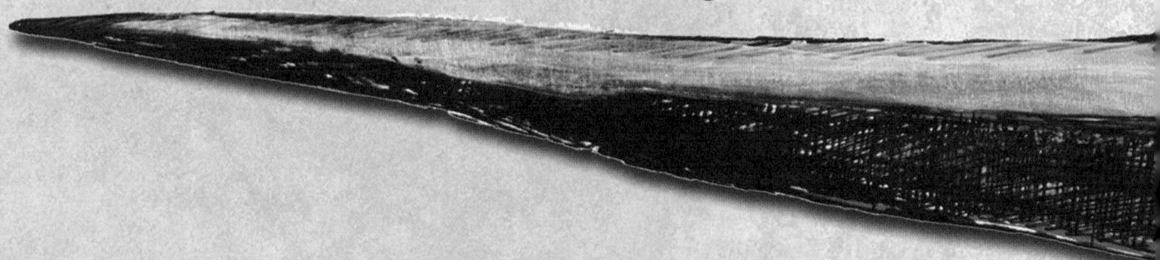

ADERYN!

Pitw

bach

yn gwibio

ar ras,

neu'n
globyn
gyda
chamau
bras.

Clwydo fry yn y canghennau,

hedeg dros

neu'n

y môr a'i

donnau.

Hwtian dan y lleuad lawn

neu'n
canu pan
mae'n
fore iawn.

Am amrywiaeth! Mae'n rhaid i mi ofyn beth yw'r creadur?

Ie, ADERYN!

Pig sy'n

hidlo

a gwau,

yn mynd amdani.

Traed sy'n

padlo,

cydio,

trywanu.

Adenydd yn fflapian,

plymio,

ac esgyn fry

neu'n troelli'n

chwim o dan y lli.

Cynffon ffansi
er
mwyn
cael
fflyrtio,

plu mor hardd,
a bron
sy'n
chwyddo!

Pob lliw a llun!

Mae'n rhaid
i mi ofyn

beth yw'r
creadur?

Ie,

ADE

RYN!

POS AR Y DIWEDD

Daeth diwedd y stori, cei ateb yn syth -
Fedri di roi pob aderyn mewn nyth?

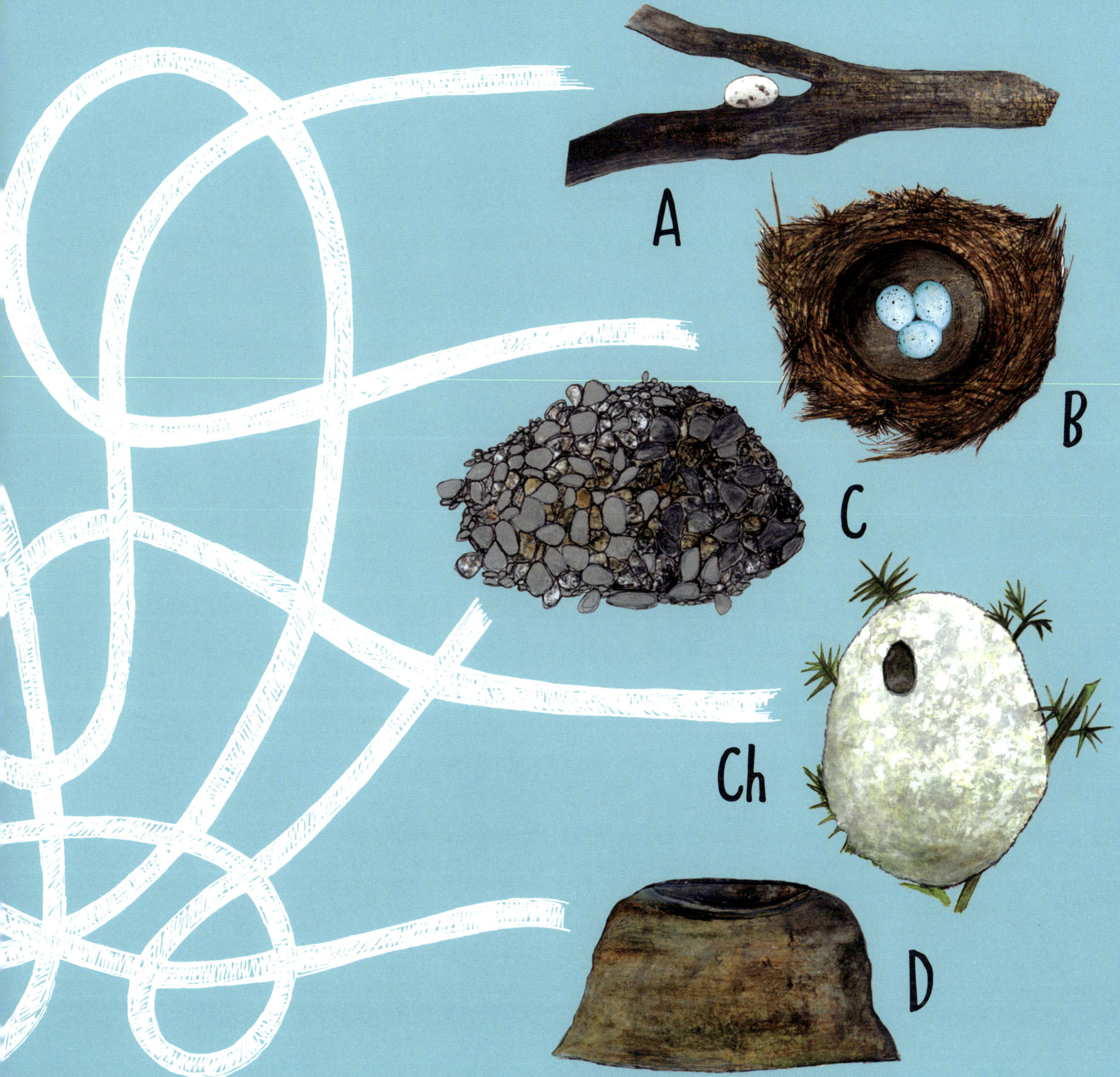

Atebion: 1.Ch, 2.D, 3.B, 4.C, 5.A

Nicola Davies

Mae'r awdur Nicola Davies wedi ennill nifer o wobrau, ac ymhlith ei llyfrau i blant mae *The Promise* (Gwobr Llyfrau Green Earth 2015, Rhestr Fer Greenaway 2015), *Tiny* (Gwobr AAAS Subaru 2015), *A First Book of Nature, Whale Boy* (Rhestr Fer Gwobr Blue Peter 2014) a chyfres Heroes of the Wild (Gwobr Llyfrau Portsmouth 2014). Graddiodd mewn swoleg, gan astudio morfilod ac ystlumod ac yna bu'n gweithio i Uned Hanes Natur y BBC. Sylfaen holl weithiau Nicola yw ei chred fod perthynas â natur yn hanfodol i bob person byw, a bod angen inni adnewyddu'r berthynas honno nawr yn fwy nag erioed. Ymhlith llyfrau Graffeg Nicola mae *Perfect*, cyfres Shadows and Light, *Nefoedd yr Adar!*, *Rhyfeddol!* a *Dan y Don*. Mae nifer o lyfrau Nicola ar gael yn Gymraeg, gan gynnwys *Y Ferch Newydd*, *Yr Addewid*, *Y Pwll* a *Perffaith*.

Abbie Cameron

Magwyd Abbie Cameron yng nghefn gwlad de-orllewin Lloegr. Wedi'i hamgylchynu gan fyd natur, daeth i garu a gwerthfawrogi anifeiliaid o bob lliw a llun. Astudiodd Ddarlunio ym Mhrifysgol Cymru Y Drindod Dewi Sant lle gwrddodd hi â Nicola Davies. Mae ei harddull yn chwareus a dyfeisgar, ac mae'n rhannu agwedd 'tafod yn y foch' ac arddull syml, ffwrdd â hi rai darlunwyr cyfoes eraill. Defnyddia Abbie liwiau llachar ac ansawdd, ac mae'n hoff o chwarae â graddfa, cyfansoddiad a gofod. *Nefoedd yr Adar!*, *Rhyfeddol!* a *Dan y Don* yw'r llyfrau cyntaf a ddarluniwyd ganddi sydd wedi'u cyhoeddi, ond mae'n gobeithio medru creu gyrfa yn y byd creu darluniau ar gyfer llyfrau. Cafodd ei chynnwys ar restr fer y Penguin Random House Design Awards 2014, gyda chymeradwyaeth arbennig am ei gwaith.

Cyfres Mydr ac Odl

Dewch i fwynhau byd natur yng nghwmni Nicola Davies, swolegydd ac awdur llyfrau plant penigamp. Dilynwch ei hanturiwr ifanc wrth iddi fentro drwy'r jwngl yn *Rhyfeddol!*, plymio i'r môr yn *Dan y Don* a dringo i ben y coed uchaf yn *Nefoedd yr Adar!*. Hefyd, cawn ddarganfod beth sydd tu mewn i'r plisgyn yn *Mae Mwy i'r Wy*, a theithio ledled y byd i ddysgu am bob math o greaduriaid yn *Infertebratau Brwd!*. Mae'r pedwar llyfr yn cynnwys lluniau llawn lliw gan Abbie Cameron.

Rhyfeddol!
ISBN 9781802582048

Nefoedd yr Adar!
ISBN 9781802582062

Infertebratau Brwd!
ISBN 9781802582376

Dan y Don
ISBN 9781802582055

Mae Mwy i'r Wy
ISBN 9781802582079

GRAFFEG
www.graffeg.com

Cyfres Tynnu Llun

Yn y chwaer gyfres, mae Abbie Cameron yn dysgu plant sut i dynnu lluniau o'u hoff anifeiliaid o'r llyfrau gam wrth gam. Mae hefyd yn cynnwys gwybodaeth am bob rhywogaeth gan Nicola Davies.

Yn y gyfres:

- *Rhyfeddol! Sut i Dynnu Llun*
- *Nefoedd yr Adar!: Sut i Dynnu Llun*
- *Dan y Don: Sut i Dynnu Llun*

Rhyfeddol! Sut i Dynnu Llun
ISBN 9781802582086

Nefoedd yr Adar!: Sut i Dynnu Llun
ISBN 9781802582109

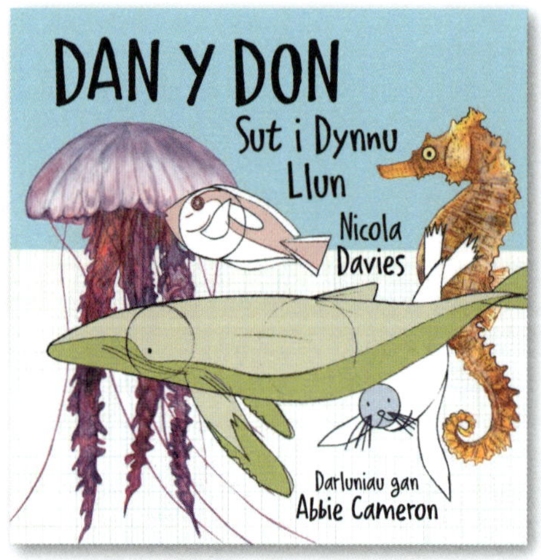

Dan y Don: Sut i Dynnu Llun
ISBN 9781802582093

Ewch i graffeg.com/pages/how-to-draw i weld Abbie yn tynnu lluniau rhai o'r anifeiliaid, gyda chyfarwyddiadau cam wrth gam.

GRAFFEG
www.graffeg.com